ESTAMPES DU XVIIIe SIÈCLE

ÉCOLES FRANÇAISE ET ANGLAISE
EN NOIR ET EN COULEURS

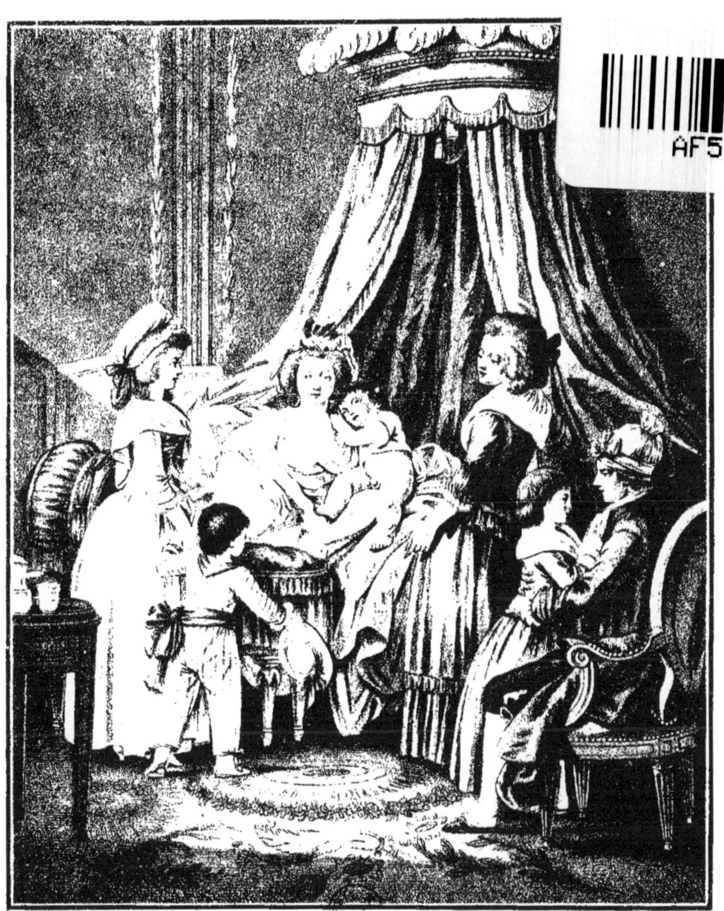

N° 105 du Catalogue.

VENTE DU 20 MAI 1911

SALLE N° 7

EXPOSITION PUBLIQUE
le 19 Mai 1911, de 2 heures à 5 h. 1/2
SALLE N° 6

COMMISSAIRE-PRISEUR :
Me ANDRÉ DESVOUGES
26, Rue de la Grange-Batelière

EXPERTS :
MM. LÉO DELTEIL & A LE CORBEILLER
38, Rue de Châteaudun

CH. BRANDE

IMPRIMEUR

23, RUE DE L'ÉGLISE

LE VÉSINET

Estampes du XVIIIe Siècle

des Écoles Française et Anglaise

en noir et en couleurs

CONDITIONS DE LA VENTE

Elle sera faite au comptant.

Les adjudicataires paieront *dix pour cent* en sus des enchères.

MM. Léo Delteil et A. Le Corbeiller rempliront les commissions que voudront bien leur confier MM. les amateurs ne pouvant y assister.

MM. les amateurs pourront visiter la collection du Lundi 15 au Jeudi 18 Mai 1911, **38, rue de Châteaudun.**

EXPOSITION PUBLIQUE

le 19 MAI 1911, de 2 heures à 5 h 1/2

SALLE N° 6

VENTE LE 20 MAI 1911

SALLE N° 7

CATALOGUE
D'ESTAMPES
DU XVIIIe SIÈCLE

par ou d'après

ALIX, AUFWACH, BARNEY, BARTOLOZZI, BAUDOUIN, BENWELL, BIGG, BOILLY, BONNET, BOREL, BOSIO, BOUCHER, BUNBURY, CARÈME, CHARDIN, DEBUCOURT, DEMARTEAU, EISEN, FRAGONARD, FREUDENBERG, GREUZE, HUBERT-ROBERT, HUET, JANINET, JEAURAT, JOLLAIN, A. KAUFFMANN, LANCRET, LAWRENCE, LE PRINCE, LOUTHERBOURG, MILLER, MOREAU LE JEUNE, MORLAND, PATER, PRUDHON, RAMBERG, ROMNEY, St-AUBIN, SCHALL, SCHENAU, SICCARDI, SMITH, SWEBACH-DESFONTAINES, C. VERNET, VIGÉE-LEBRUN, WARD, WATTEAU, WHEATLY,

etc.

ESTAMPES SUR LES BALLONS

Pièces sur les Incroyables et Merveilleuses

DONT LA VENTE AURA LIEU

à PARIS, HOTEL DROUOT, SALLE N° 7

Le 20 Mai 1911, à 2 heures précises

Par le Ministère de Me André Desvouges, Commissaire-Priseur

26, Rue de la Grange-Batelière

Assisté de MM. Léo DELTEIL et A. LE CORBEILLER

Marchands d'Estampes-Experts

38, Rue de Châteaudun, 38. — PARIS

EXPOSITION PUBLIQUE

Le 19 Mai 1911, de 2 heures à 5 h. 1/2, SALLE n° 6

ALIX (P. M.)

1. **Corday** (Marie-Anne-Charlotte). In-fol. ovale, au lavis de couleurs.

Très belle épr. *imprimée en couleurs.* Marges découpées en ovale.

ALIX (P. M.)

2. **Franklin.** D'après Vanloo. In-fol. ovale, au lavis de couleurs.

Belle épreuve *imprimée en couleurs.* Marges découpées en ovale.

ALIX (P. M.)

3. **Mirabeau** (H. G.). D'après nature par L... — **Voltaire.** D'après Garnerey. Deux portraits. In-fol. ovales, au lavis de couleurs.

Belles épr. *imprimées en couleurs.* Marges découpées en ovale.

ANONYME

4. **Le Jeu de Colin-Maillard.** In-fol. ovale, en larg., au pointillé.

Très belle épreuve *avant toute lettre,* finement *rehaussée en couleurs.* Marges.

ANONYME

5. **L'Habitante des Champs**. Pièce ovale. Anonyme. In-4 à l'aquatinte.

Très belle épreuve *imprimée en deux tons : bistre et sanguine*. — Toutes marges.

ANONYME

6. **Léda**. Petit in-4 ovale, en larg., au pointillé.

Belle épreuve *imprimée en couleurs*. Sans marges. — Encadrée.

ANONYME

7. **Le Toucher**. In-4 ovale, au pointillé.

Très belle épreuve finement *rehaussée en couleurs*. Grandes marges.

AUBRY (Ch.)

8. **Coucou ;**
Parisienne.
Deux pièces faisant pendants. *Lith. de Delpech*. Lithog. in-fol. en larg.

Belles épreuves *coloriées*. Marges.

AUFWACH (d'après J.)

9. **La Faiseuse de Galète** *(sic)* ;
Les Flamands en belle humeur.
Deux pièces faisant pendants. Gravées par J. B. Morret. Petit in-4 en larg., à l'aquatinte.

Très belles épreuves *imprimées en couleurs*. Marges.

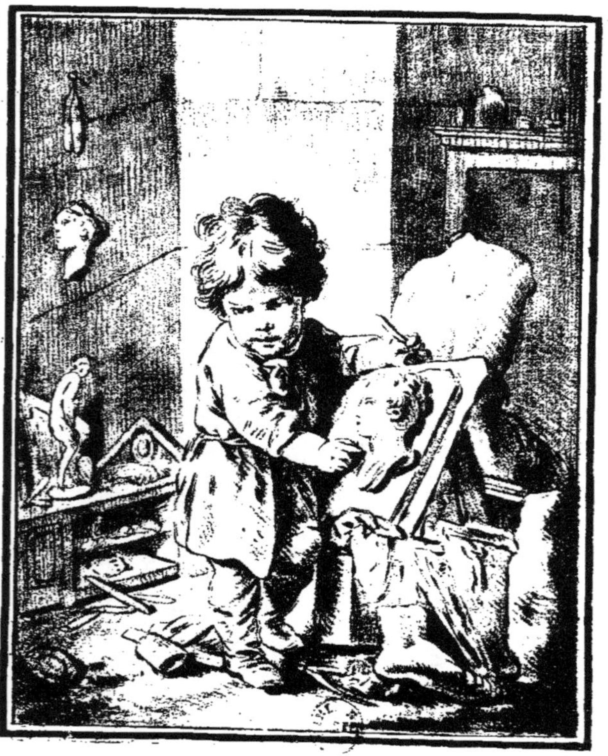

N° 83 du Catalogue.

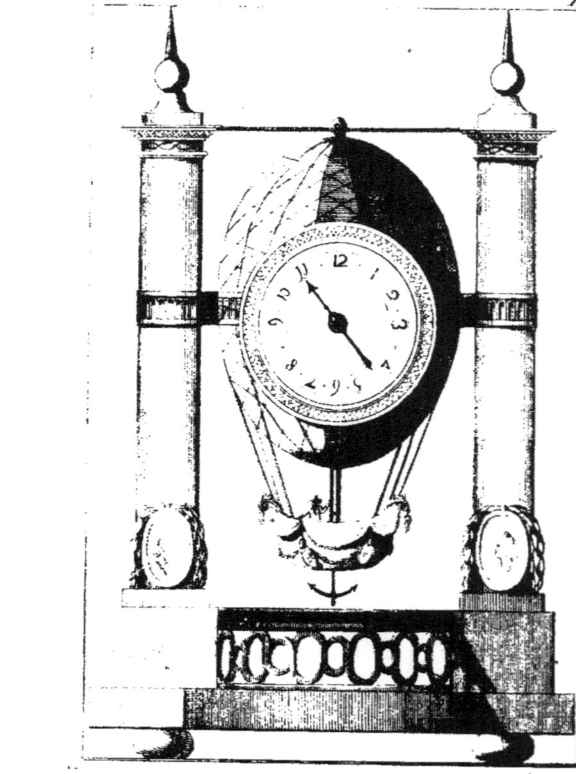

N° 21 du Catalogue.

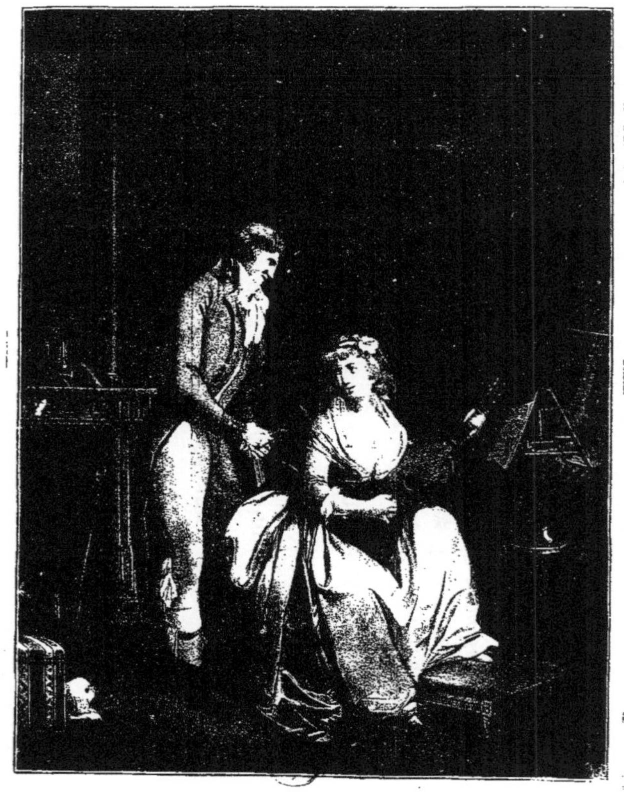

N° 54 du Catalogue.

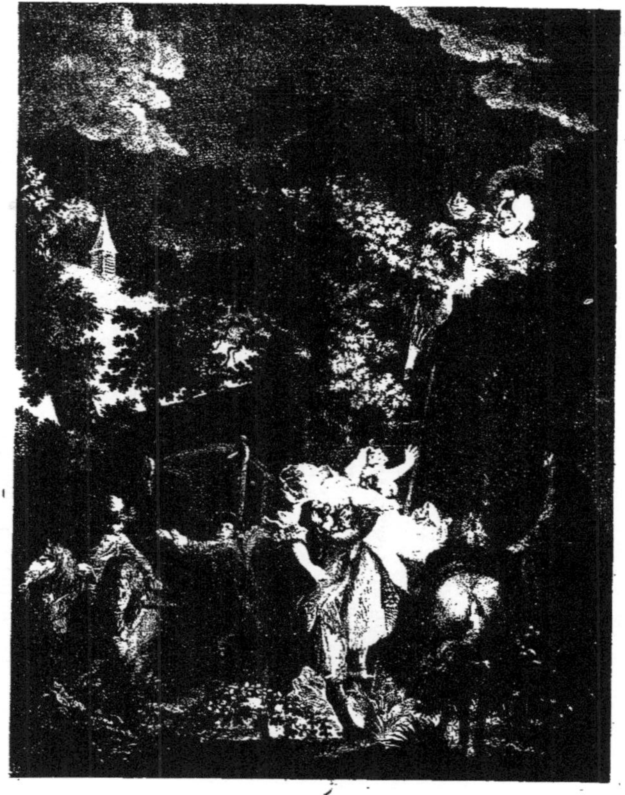

N° 20 du Catalogue.

BALLONS (Estampes sur les)

10. **Expérience** de la Machine Aërostatique de M. Mongolfier au Châtu de la Muette, le 21 9bre 1783. — *A Paris, chez Esnauts et Rapilly*. In-fol.

Très belle épreuve *en coloris ancien*. Toutes marges.

11. **Globe Aérostatique** de Mrs Charles et Robert, au moment de leurs départ du Jardin des Thuilleries le premier Décembre 1783. — *A Paris, chés Henauts et Rapilly*. In-fol. en larg.

Belle épreuve *en coloris ancien*.

12. **Représentation du Globe aérostatique** qui s'est élevé de dessus l'un des Bassins du Jardin Royal des Thuilleries le 1er décembre 1783. In-fol. Anonyme.

Très belle épreuve en *coloris ancien*. Toutes marges.

13. **Représentation du fameux Globe aërostatique** qui fut enlevé dans le Jardin du Palais des Tuileries le 1er Décembre 1783. In-fol.

Très belle épreuve *en coloris ancien*. Toutes marges.

14. **Seconds voyageurs aériens**, ou Expérience de MM. Charles et Robert, faite à Paris dans le parterre du Jardin Royal des Thuilleries le 1er déc. 1783. Vue prise du Pont Royal. — *A Paris, chez Chereau*. In-4 en larg.

Très belle épreuve à toutes marges.

15. **Descente de la Machine Aërostatique** des Srs Charles et Robert. — *A Paris, chez Basset*. In-fol. en larg.

Très belle épreuve en *coloris ancien*. Toutes marges.

16. **N. Charles, P. de Physique. Portrait** avec scène au bas. In-4. Anonyme.

Curieux portrait rare. Belle épr. à toutes marges.

17. **Expérience Aérostatique faite à Lyon** le 10 janv. 1784, à midi 48 minutes, avec un Ballon de 100 pieds de diamètre, etc. Dess. par Audibert. *A Lyon, chés Gentot.* In-fol.

Très belle épr. Grandes marges.

18. **Expérience du Vaisseau Volant de Mon^r Blanchard**, enlevé au Champ de Mars près Paris le 2 mars 1784 entre midi et 2 heures. — *A Paris, chez Basset.* In-fol.

Très belle épreuve en *coloris ancien.* Toutes marges.

19. **La Caisse de Balons** (sic) ou les Commis effrayés. — *A Paris, chez Basset.* In-fol.

Très belle épreuve en *coloris ancien.* Toutes marges.

20. **Le Petit Maître Aérostatique.** — In-fol. Anonyme.

Très belle épreuve en *coloris ancien* d'une pièce rare. Grandes marges.

21. **Cahier de Quatre Pendules en Cartels.** J. F Forty, del ; *à Paris, chez J. Mart. Will à Augsbourg.* Planche I (**Pendule au Ballon**). In-4.

Curieuse planche très rare. — Elle ne figure pas dans l'œuvre de Forty publiée en France.
Voir la reproduction.

BARNEY (J.)

22. **The Happy Cottagers.** Plate I. *Publ. Janv. 1794 by tho. Macklin, London.* In-fol., au pointillé.

Très belle épreuve finement *rehaussée en couleurs.* Marges.

BARTOLOZZI (F.)

23. **A Sacrifice to Cupid**. D'après J.-B. Cipriani. In-4 en larg., au pointillé.

Belle épreuve *imprimée en sanguine*. Marges. Encadrée.

BARTOLOZZI (F.)

24. **Jeune femme endormie**, étendue les seins découverts ; près d'elle, un amour lui décoche une flèche. *London, publish'd Jan. 1792 by M. Bovi*. In-4 en larg., au pointillé.

Très belle épreuve *imprimée en sanguine*. Marges.

BARTOLOZZI (F.)

25. **Nymphs Bathing**. D'après J.-B. Cipriani. Petit in-fol. ovale, au pointillé.

Belle épreuve *imprimée en couleurs* de cette jolie pièce. Marges. — Encadrée.

BARTOLOZZI (F.)

26. **The Water Cress Girl ;**
The Country Girl Going Reaping.
Deux pièces faisant pendants. D'après F. Wheatley. *London, publ. 1796-1797 by Ant. Molteno*. In-fol. au pointillé.

Très belles épreuves *imprimées en bistre* ; la 2e pièce est **avant la lettre**. Grandes marges.

BAUDOUIN (d'après)

27. **L'Amour à l'Epreuve**. In-fol., à l'eau-forte (E. B., 5, 1er état).

Belle épreuve à l'**état d'eau-forte pure**, *avant toutes lettres*. Marges.

BAUDOUIN (d'après P.-A.)

28. **Les Amour champêtres.** Gravé par P.-P. Choffard, 1767. Dédiées, avec armoiries gravées, à M. Trudaine de Montigny. *A Paris, 1re Cour des Quinze Vingts.* In-fol. (E. B.)

Très belle épreuve. Filet de marges.

BAUDOUIN (d'après A.)

29. **L'Enlèvement Nocturne.** Gravé par Nicolas Ponce. Dédié à Monsieur Basan, Graveur. *A Paris, chez l'Auteur, graveur ord. du Cabinet de Mgr Comte d'Artois.* In-fol. (E. B. 20).

Très belle épreuve du 4e état. — Marges.
Voir la reproduction.

BAUDOIN (d'après)

30. **La Petite Laitière.** Gravé par Jarry. *A Paris, chez Brasseur.* In-4.

Belle épreuve en partie *imprimée en couleurs* et rehaussée à l'aquarelle. Marges. — Encadrée.

BENWELL (d'après J. H.)

31. **The Children in the Wood.** Gravé par W. Sharp, le paysage par W. Byrne et Medland. *Publ. 20 may 1786 by W. Byrne, London.* In-fol. ovale, en larg.

Très belle épreuve à toutes marges.

BERVIC

32. **Louis Seize**, Roi des Français, Restaurateur de la Liberté. En pied, en costume royal. D'après Calet. *A Paris, chez Bervic.* Gr. in-fol.

Belle épreuve *avant la déchirure.* Marge. Encadrée, cadre doré époque Restauration.

BIGG (d'après W. R.)

33. **Charity begins at home ;**
A Friend in need is a friend indeed.
Deux pièces faisant pendants. Gravées par T. Gauguin. *Publ. July 1817 by Tho Palser.* In-fol. en larg., au pointillé.

Très belles épreuves de **premier tirage**, finement *rehaussées en couleurs.* — Grandes marges.

BOILLY (d'après L.)

34. **La Douce Impression de l'Harmonie ;**
Suite de la Douce Impression de l'Harmonie.
Deux pièces faisant pendants. Gravées par P. J. Wolff. *A Paris, chez l'Auteur.* In-fol.

Superbes épreuves avec marges.
Voir la reproduction.

BOILLY (d'après L.)

35. **La Jardinière**. Gravé par S. Tresca. *A Paris, chez l'Auteur.* Petit in-fol. au pointillé.

Belle épreuve finement *rehaussée en couleurs.* Marges. — Encadrée.

BOILLY (d'après L.)

36. **Le Prélude de Nina**. Gravé par Al. Chnponnier. In-fol., au pointillé.

Très belle épreuve. — Filet de marges.

BOILLY (L.)

37. **La Perruque du Grand-Père.**
Le Bonnet de la Grand'Mère.
Deux lithographies faisant pendants. *I. lith. de Delpech.* In-4.

Très belles épreuves *coloriées.* Encadrées.

BOISOT (d'après)

38. **L'Evanouissement de Calipso** en voyant le vaisseau construit par Mentor. Gravé par Mme Linger. In 4 ovale, en larg., au pointillé.

Très belle épreuve *imprimée en couleurs*. Marges. — Encadrée.

BOIZOT (d'après)

39. **Sacrifice au Dieu Pan**. Gravé par Canu. *A Paris, chez Basset*. In-fol. en larg.

Très belle épreuve *imprimée en couleurs*. Marges.

BONNET (L.)

40. **La Bonne Mère**. D'après F. Boucher. In-fol. en larg., en manière de crayon.

Très belle épreuve *imprimée en deux tons sur papier bleu*, Sans marges. — Encadrée.

BONNET (Louis)

41. **Madame la Comtesse Du Barry**. Gravé par Louis Bonnet, 1769. *A Paris, chez Bonnet*. In-8, à la manière de crayon.

Joli portrait dans un médaillon ovale, entouré d'une guirlande de fleurs. Rare.

Belle épreuve *imprimée en couleurs*. Filet de marges. — Encadrée.

BONNET (L.)

42. **La Petite Lessive**. D'après F. Boucher. *A Paris, chés la Ve de F. Chereau*. N° 58. In-4, en manière de crayon.

Belle épreuve *imprimée en sanguine*. Petites marges.

BONNET (L. Marin)

43. **Les Regrets Inutiles.** D'après Bounnieu. *To be sold at F. Vivares, London.* In-4 au pointillé.

Belle épreuve *imprimée en couleurs;* l'encadrement en noir. Petites marges. — Encadrée.

BONNET (L.)

44. **Le Sommeil de Vénus.** Gravé par L. Bonnet. *A Paris, chez Bonnet.* Gr. in-fol. en l.

Splendide épreuve *imprimée en noir avec rehauts de blanc, sur papier bleu,* et à toutes marges.

BOREL (d'après)

45. **Le Bain interrompu.** Gravé par Levaillé (Leveillé). In-4 en larg., à l'aquatinte.

Très belle épreuve *réhaussée en couleurs.* — Encadrée.

BOSIO

46. **La Bouillotte.** In-fol. en larg.

Belle épreuve en noir.

BOUCHER (d'après F.)

47. **Le Château de Cartes.** Gravé par J.-M. Liotard. *A Paris, chés Audran.* In-4.

Très belle épreuve. Marges.

BOUCHER (d'après F.)

48. **De Trois choses en ferez-vous une ?** Gravé par J.-J. Pasquier. In-fol.

Belle épreuve à grandes marges.

BOUCHER (d'après F.)

49. **Le Messager Discret**. Gravé par R. Gaillard. Dédié, avec armoiries gravées, à Mr de Bourgogne de Menneville. *A Paris, chés Buldet*. In-fol.

Très belle épreuve. Marges.

BUNBURY (d'après)

51. **The Morning Employements.** Pièce ronde. In-fol., au pointillé.

Très belle épreuve *imprimée en sanguine* d'une jolie pièce. Sans marges.

BULLA et CHARON (à Paris, chez)

52. **Le Lapin sur le Mur** ou les Enfans en extase. — *A Paris, chez Bulla et chez Charon*. In-fol. en larg., à l'aquatinte.

Très belle épreuve. Grandes marges.

CARÊME (d'après Ph.)

53. **La Jeune Veuve**. Gravé par Bonnet. *A Paris, chez Bonnet*. In-fol. ovale, en manière de crayon.

Très belle épreuve *imprimée en couleurs*. Marges.

CARÊME (d'après)

54. **Le Réveil du Carlin**. Gravé par Carrée. *A Paris, chez Guyard*. In-fol. au pointillé.

Belle épreuve finement *rehaussée en couleurs*. Marges. — Encadrée.

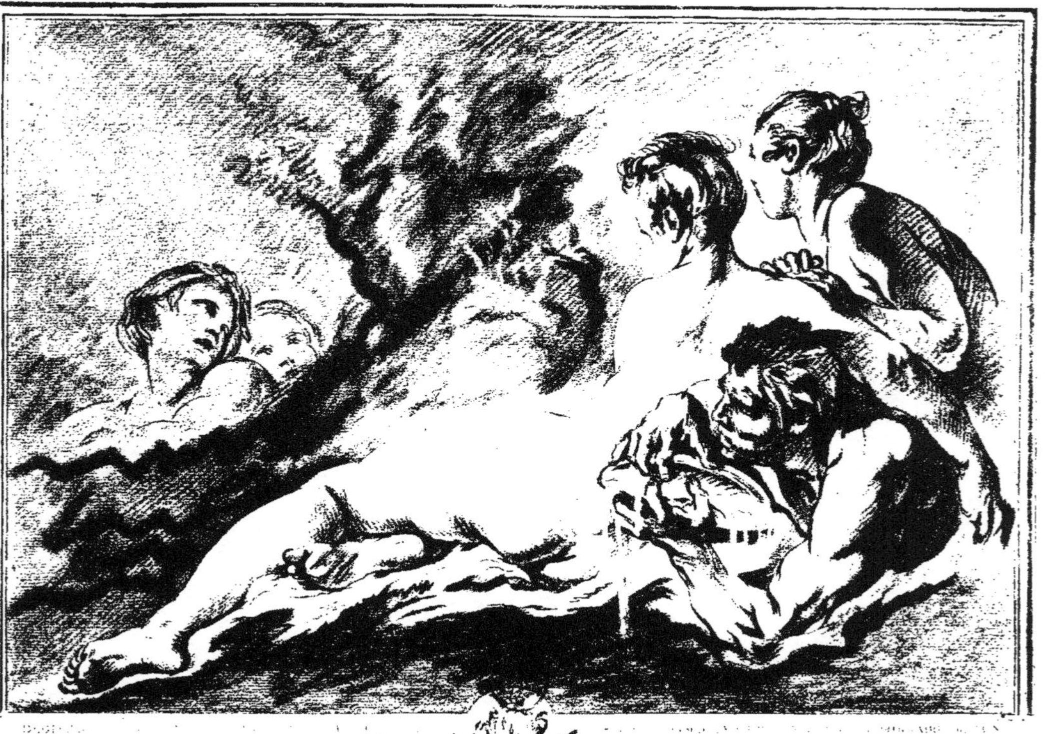

N° 69 du Catalogue.

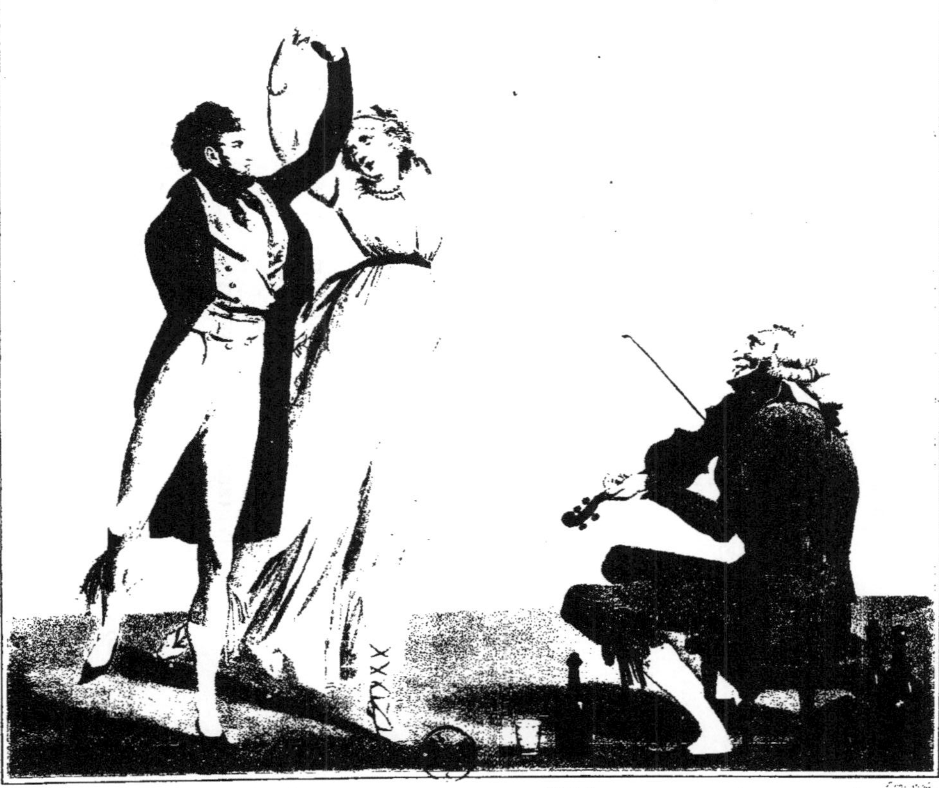

N° 123 du Catalogue.

CHARDIN (d'après)

55. **La Fontaine**. Gravé par C. N. Cochin. *A Paris, chez Cochin*. In-fol. en larg. (E. B. 21).

Très belle et *rare* épreuve *avant que la première adresse, celle de Cochin, ait été remplacée par celle de Basan*. — Marges.

CHARDIN (d'après)

56. **La Mère Laborieuse**. Gravé par Lépicié, 1740. *A Paris, chez l'Auteur et chez Surugue*. In-fol. (E. B. 35).

Très belle épreuve. Petite marge.

CHARDIN (d'après)

57. **Le Négligé ou la Toilette du Matin**. Gravé par Le Bas, 1741. *A Paris, chez J.-P. Le Bas*. In-fol. (E. B. 38).

Très belle épreuve. Petites marges.

CHARDIN (d'après)

58. **Le Jeune Soldat.**
Le Petite Fille aux Cerises.
Deux pièces faisant pendants. Gravées par C.-N. Cochin. *A Paris, chez Cochin*. In-4 (E. B. 30 et 43).

Belles épreuves. Petites marges.

CHEVALLIER (d'après)

59. **Le Peintre amoureux de son Modèl** *(sic)*. Gravé par J.-B. Michel. *A Paris, chez Gaillard*. Petit in-fol.

Très belle épreuve avec marges.

CONYERS (d'après Julia)

60. **Le Coin du Feu ;**
L'Heure du Berger.
Deux pièces faisant pendants. Gravées par Benoît. *A Paris, chez Bance.* In-4 en larg.

Très belles épreuves *rehaussées en couleurs.* — Marges.— Encadrées.

CORTONA (d'après P. da)

61. **Musick.** In-4 ovale. Gravure anglaise anonyme, en manière de crayon et pointillé.

Très belle épreuve *imprimée en couleurs.* Marges.

CORTONA (d'après P. da)

62. **Musick.** Gravé par R. Marcuard. In-4 ovale, au pointillé.

Belle épreuve *imprimée en sanguine.* Filet de marges. Encadrée, cadre ovale.

COURTIN (d'après Jac.)

63. **La Belle Danseuse.** Gravé par Michel Aubert. *Se vend chez Surugue.* Petit in-fol.

Belle épreuve. Pièce gracieuse.

DEBUCOURT (P. L.)

64. **L'Enfant soldat ou les Amusemens de Famille.** Peint et Gravé par De Bucourt, peintre du Roy. *A Paris, chez l'Auteur.* In-fol. à l'aquatinte.

Très belle épreuve finement *rehaussée en couleurs.* Petites marges.

DEBUCOURT (P. L.)

65. **Le Repos de l'Isvochik, ou Cocher russe ; Les Femmes Russes prêtes à monter en traîneau ; Le Traîneau Russe, ou la Voiture publique en course ; La Ligne, ou Voiture de Campagne russe.** Quatre pièces gravées par P. L. Debucourt, d'après Damame Demartrait. In-fol. en larg., à l'aquatinte.

Belles épreuves *rehaussées en couleurs.* — Marges.

DEMAME DEMARTRAIS (M. F.)

66. **Vue de Russie. Les Promenades de Catherine II dans les Jardins de Sarskocello.** Gr. in-fol. en larg. à l'aquatinte.

Belle épreuve *rehaussée en couleurs.*

DEMARTEAU (G.)

67. **Groupe de trois têtes de jeunes filles** et cinq têtes d'enfants. D'après F. Boucher n° 27. In-fol. en larg., en manière de crayon.

Belle épreuve *imprimée en sanguine* bistrée. *Avant le N°.*

68. — **Têtes de jeunes filles.** D'après F. Boucher. N°s 33 et 34. Deux pièces in-4, à la manière de crayon.

Très belles épreuves *imprimées en sanguine.* Toutes marges.

69. — **Vénus sur les eaux.** Dédié, avec armoiries gravées, à M. de Sartine. D'après F. Boucher. N° 53. Gr. in-fol. en larg., en manière de crayon.

Très belle épreuve *imprimée en sanguine* de cette jolie pièce. — Petites marges.
Voir la reproduction.

70. — **Paysage**. D'après Houel. (N° 64). In-fol. en larg., en manière de crayon.

Très belle épreuve *imprimée en sanguine*. Sans marges.

71. — **Jeune Paysanne**, pieds nus, une cruche à la main gauche et un panier au bras droit. D'après F. Boucher. N° 78. In-4, en manière de crayon.

Belle épreuve *imprimée en sanguine*. Encadrée.

72. — **Quatre Amours couchés sur des nuages.** D'après F. Boucher. N° 109. In-fol. en larg., en manière de crayon.

Belle épreuve *imprimée en sanguine*.

73. — **IIe Vue des Environs de Rouen**. D'après J. Houel. N° 140. In-fol. en larg., à la manière de crayon.

Très belle épreuve *imprimée en sanguine*.

74. — **Jeune Marchande de Fleurs**. D'après F. Boucher. N° 183. In-4, en manière de crayon.

Très belle épreuve *imprimée en sanguine*. Marges.

75. — **Jeune femme assise jouant de la mandoline**. D'après Watteau. N° 184. In-4, en manière de crayon.

Belle épreuve *imprimée en sanguine*. — Encadrée.

76. — **Petit Ange**, appuyé sur une draperie, de 3/4 à droite, la tête légèrement renversée en arrière. D'après F. Boucher, N° 219. Petit in-fol. en larg., en manière de crayon.

Très belle épreuve *imprimée en deux tons : noir et sanguine*.

77. — **Portrait de Mlle Geoffrin**. D'après C.-N. Cochin fils, 1745. N° 234. In-4, en manière de crayon.

Très belle épreuve *imprimée en sanguine*.

78. — **Tête de jeune Fille,** de 3/4 à droite, les yeux baissés, cheveux relevés maintenus par un ruban. D'après Le Prince. N° 303. In-fol., en manière de crayon.

Belle épreuve *imprimée en sanguine.* Marges.

79. — **Tête de femme,** de profil à gauche, les yeux baissés, coiffée d'un turban ; boucles d'oreille et chaîne tombant de la chevelure. D'après Le Prince, N° 338. In-4 en manière de crayon.

Belle épreuve *imprimée en deux tons : noir et sanguine.* Sans marges. — Encadrée.

80 — **Sujets. Trois jeunes filles** jambes nues, dont une assise au pied d'un arbre et au bord d'un ruisseau ; à côté un panier de fleurs. D'après F. Boucher. N° 346. In-4, en manière de crayon.

Belle épreuve *imprimée en sanguine.*

81. — **Tête d'Homme,** coiffure à bordure tigrée, de profil à gauche, la main appuyée sur un bâton. D'après Vanloo. N° 375. In-4 en manière de crayon.

Belle épreuve *imprimée en deux tons : noir et sanguine.* Sans marges.

82. — **Bacchantes.** Deux pièces faisant pendants. D'a- Le Barbier l'aîné. N°s 423 et 424. In fol. ovale, en manière de crayon.

Belles épreuves *imprimées en deux tons : noir et sanguine.*

83. — **Le Sculpteur.** D'après Clermont. N° 447. In-4 en manière de crayon.

Très belle épreuve *imprimée en deux tons : noir et sanguine.* Filet de marge.
Voir la reproduction.

DENY (A Paris, chez)

84. **Le Maréchal des Logis ;**
La Jeune villageoise rendue à ses Parents.
Deux pièces faisant pendants. *A Paris, chez Deny.* In-4 ovales.
Belles épreuves *en coloris ancien,* très fraiches. Marges.

EISEN (d'après Ch.)

85. **Les Désirs satisfaits ;**
La Vertu sous la garde de la Fidélité.
Deux pièces faisant pendants. Gravées par Patas et Le Beau, 1772. In-fol.
Très belles épreuves **avant la lettre.** Petites marges.

FRAGONARD (H.)

86. **Bacchanales.** (Pl. 1, 2 et 3).
Trois pièces. In-4 en larg., à l'eau forte.
Très belles épreuves ; 2 à grandes marges et 1 à toutes marges.
Voir la reproduction.

FRAGONARD (d'après H.)

87. **La Bonne Mère.** Gravé par N. de Launay. Dédiée à Mr Ménage de Pressigny. *A Paris, chez l'Auteur. A. P. D. R.* Gr. in-fol. en h.
Très belle épr. remargée. — Encadrée.

FRAGONARD (d'après H.)

88. **La Fontaine d'Amour ;**
Le Songe d'Amour.
Deux pièces faisant pendants. Gravées par N.-Fr. Regnault. Gr. in-fol. en h.
Très belles épreuves avec marges. Petite restauration très habilement faite dans la marge du bas de la première pièce.

FRAGONARD (d'après H.)

89. **Paysage d'Italie**. Gravé par Saint-Non, 1766. Petit in-fol. en larg., à l'aquatinte.

Très belle épreuve *imprimée en bistre*. Marge. Encadrée.

FRAGONARD et AUBRY (d'après)

90. **Dites-donc, s'il-vous-plait.**
L'Abus de la Crédulité.
Deux pièces gravées par N. de Launay. Dédiées, avec armoiries gravées, à Mme la Marquise d'Ambert. In-fol. en larg.

Belles épreuves *avec le Privilège*. Filet de marges. Encadrées.

FRAGONARD et TOUZÉ (d'après)

90 *bis*. **La Faible résistance ou le Verrou ;**
L'Amant Victorieux, Suite du Verrou.
Deux pièces faisant pendants. Gravées par Le Beau, 1785. In-4 ovales.

Très belles épreuves *en coloris ancien*. Marges.

FREUDEBERG (d'après S.)

91. **L'Occupation**. Gravé par Lingée. *A Paris, chés Buldet*. In-fol.

Très belle épreuve. Petites marges.

FREUDENBERG (d'après)

92. **Les Petits Poulets**. Gravé par F.-G. Lardy. In-4 en l., à l'aquatinte.

Belle épreuve *finement rehaussée en couleurs*. — Encadrée.

GARBIZZA (d'après)

93. **Vue de la Gallerie du Palais-Royal**, prise du côté de la rue des Bons-Enfans. Gravé par Coqueret. *A Paris, chez Potrelle*. In fol. en larg., à l'aquatinte.

Très belle épreuve *rehaussée en couleurs*. Marges.

GREUZE (d'après J.-B.)

94. **La Dame Bienfaisante ;**
Le Père de Famille.
Deux pièces minuscules faisant pendants, gravées de mémoire. *A Paris, chez Civil, 1782*. In-8 en larg., à l'*aquatinte*.

Très belles épreuves *finement rehaussées en couleurs*. Marges. — Encadrées.

GREUZE (d'après J.-B.)

95. **L'Ecolier Distrait**. Gravé par P. Beljambe. *A Paris, chez Chereau*. In-fol.

Très belle épreuve avec marges.

HUBERT-ROBERT

96. **Cascade dans les Rochers de Roncilione près de Rome ;**
Escalier des Laveuses de Charenton.
Deux pièces faisant pendants. Gravées par Maugein. *A Paris, chez le Citoyen Jean*. Petit in-fol.

Belles épreuves avec marges. — Encadrées.

HUBERT-ROBERT (d'après)

97. **L'Ecurie de Jules**. Gravé par Saint Non, 1766. In-4, à l'aquatinte.

Très belle épreuve *imprimée en bistre*. — Encadrée.

HUBERT-ROBERT (d'après)

98. **Panthéon de Rome ;** 1766. Gravé par St-Non. Pièce ronde. In fol. à l'aquatinte.

Très belle épreuve *imprimée en bistre.* — Marges. — Encadrée.

HUBERT-ROBERT (d'après)

99. **Vue d'Italie :** Fontaine monumentale dans un parc. Gravé par Saint Non, 1767. Petit in-fol. en larg., à l'aquatinte.

Très belle épreuve *imprimée en bistre.* Petites marges. Encadrée.

HUBERT-ROBERT (d'après)

100. **Vue d'Italie** (Villa Cost. Senat. Roman.). Gravé par Saint Non, 1766. Petit in-fol. en larg., à l'aquatinte.

Très belle épreuve *imprimée en bistre.* Petite marge. Encadrée.

HUBERT-ROBERT (d'après)

101. **Vue prise dans les Jardins de Ville Barberini à Rome.** Gravé par Saint Non, 1770. In-4 en larg. à l'aquatinte.

Très belle épreuve *imprimée en bistre.* — Encadrée.

HUET (d'après J. B.)

102. **L'Accord Maternel.** Gravé par L.-M. Bonnet. In-4 en manière de crayon.

Très belle épreuve *imprimée en couleurs, avant le tirage du bleu.* Marges. — Encadrée.

HUET (d'après J. B.)

103. **La Bastille détruite ou la Petite Victoire**. Gravé par Bonnet. *A Paris, chez Bonnet*. In-4 en larg., au pointillé.

Très belle épreuve *imprimée en couleurs*, et à grandes marges.
Voir la reproduction.

HUET (d'après J. B.)

104. **Ce qui est bon à prendre est bon à garder**. Gravé par Al. Chaponnier. In-fol.

Superbe épreuve **avant la lettre**. Toutes marges.

HUET (d'après J. B.)

105. **Les Compliments du Jour de l'An**. Gravé par Bonnet. *A Paris, chez Bonnet*. In-fol., en manière de crayon.

Superbe épreuve *imprimée en couleurs*. Marges.
Voir la reproduction.

HUET (d'après J. B.)

106. **2st Study of Animals**. Gravé par Tennob (Bonnet). In-4 en larg.

Belle épreuve *imprimée en couleurs*. Marges.

HUET (d'après J.-B.)

107. **Le Drapeau National**. Gravé par Bonnet. *A Paris, chez Bonnet. N° 1030*. In-4 en larg., au pointillé.

Très belle épreuve *imprimée en couleurs* et à belles marges.

HUET (d'après J.-B.)

108. **Le Drapeau national ;**
Le Tambour National.
Deux pièces faisant pendants. Gravées par Bonnet. In-4 en larg., au pointillé.

Belles épreuves *imprimées en couleurs*. Petites marges. Les titres des pièces sont coupés à moitié. Petites taches de mouches à l'une d'elles. — Encadrées, cadres anciens.

HUET (d'après J.-B.)

109. **L'Éventail Cassé**. Gravé par Bonnet. *A Paris, chez Bonnet*. Petit in-fol. au pointillé.

Très belle épreuve *imprimée en couleurs*, d'une fraicheur remarquable. Elle a été très habilement remargée. — Encadrée.

HUET (d'après J.-B.)

110. **Les Grâces enchaînées par l'Amour ;**
L'Amour enchaîné par les Grâces.
Deux pièces faisant pendants. Gravées par Bonnet. *A Paris, chez Bonnet* n°s 726 et 727. In-4 ovales, en manière de crayon.

Superbes épreuves *imprimées en couleurs*, d'une grande fraicheur. Marges.

HUET (d'après J.-B.)

111. **Les Grâces enchainées par l'Amour ;**
L'Amour couronné par les Grâces.
Deux pièces faisant pendants. Gravées par Chaponnier. *A Paris, chez l'Auteur*. Petits in-fol. ovales, au pointillé.

Belles épreuves *finement rehaussées en couleurs*. Marges. — Encadrées.

HUET (d'après J.-B.)

112 **La Recherche des Appas**. Gravé par Dnarwell. Petit in fol. ovale, en manière de crayon.

Très belle épreuve *imprimée en couleurs*. Marges. — Encadrée.

HUET (d'après J.-B.)

113. **Le Tambour National**. Gravé par Bonnet. *A Paris, chez Bonnet. N° 1031.* In-4 en larg., au pointillé.

Très belle épreuve *imprimée en couleurs* et à belles marges.

HUET (d'après J.-B.)

114. **Vénus enflammée par l'Amour**. *A Paris, chez Bonnet.* In-fol. au pointillé.

Très belle épreuve *imprimée en couleurs*. — Marges. — Encadrée.

HUET (J.-B.)

115. **Pastorales**; 1778. Deux eaux-fortes originales. In-4 en larg.

Belles épreuves *rehaussées en sanguine*. — Encadrées.

INCROYABLES ET MERVEILLEUSES

(Pièces sur les)

116. **Ah! qu'il est donc drole! Hai! dis donc ma lorgnette te fait peur?** In-fol. en larg.

Superbe épreuve *coloriée*, à toutes marges.

117. — **L'Anglomane**. Gravé par Darcis, d'après C. Vernet. In-fol. en larg.

Très belle épreuve *coloriée*. Toutes marges.

118. — **Arrivée des Remplaçans. — Départ des Remplacés**, ou Tableau de Paris et de la France, en Floréal. Deux pièces faisant pendants. In-fol. en larg.

Superbes épreuves *coloriées*, et à toutes marges.

119. — **Bœuf à la Mode**. Dess. par Lançon. Gravé par Leclerc. *A Paris, chez Depeuille*. In-fol. en larg.

Très belle épreuve *coloriée*. Marges.

120. — **Café des Incroyables**. Ma parole d'honneur ils le plaisante. R. L. L., inv., 1797. In-fol. en larg.

Superbe épreuve *coloriée*, à toutes marges.

121. — **Les Croyables au Péron**. Gravé par Tresca. In-fol. en larg.

Très belle épreuve *coloriée*. Marges.

122. — **La Faction Incroyable**. *A Paris, chez Charon*. In-fol. en larg.

Très belle épr. *coloriée* à toutes marges.

123. — **La Folie du Jour**. Gravé par Tresca. In-fol. en larg.

Superbe épreuve *coloriée*. Marges.
Voir la reproduction.

124. — **Ha ! quel vent ! c'est Incroyable.** *A Paris, chez Bonvalet*. In-fol. en larg., à l'aquatinte.

Superbe épreuve *coloriée*, à toutes marges.

125. — **Hélas ! de vous à moi tel est la différence !!! C'est Incroyable.....** Par un M..... ; Rentier, fecit. In-fol. en larg.

Très belle épreuve *coloriée*, à toutes marges.

126.— **Les Incroyables.** D'après C. Vernet. In-fol. en larg.

Très belle épreuve *coloriée*. Grandes marges.

127. — **Les Merveilleuses.** Gravé par Darcis, d'après C. Vernet. In-fol. en larg.

Belle épreuve *coloriée*. Petites marges.

128. — **L'Oracle Consulté.** Gravé par Guyard. *A Paris, chez l'Auteur et chez Louis Journeaux*. In-fol. en larg.

Superbe épreuve *coloriée*, à toutes marges.

129. — **Qu'oi à Paris, c'est Incroyable !** Ze n'en suis zamais sorti, ma petit paolle suprême. In-fol. en larg.

Superbe épreuve *coloriée*, à toutes marges.

130. — **La Rencontre des Incroyables.** Gravé par Ruotte, d'après Bunbiry, *A Paris, chez Basset*. In-fol. en larg.

Belle épreuve *imprimée en couleurs*. Petites marges.

JANINET

131. **Ariadne;**
Hébé.
Deux pièces faisant pendants. Gravé par C.-B. Cipriani. *A Paris, chez Janinet, Place Maubert, n° 17*. In-4 au pointillé.

Très belles épreuves *imprimées en couleurs*, et à toutes marges.

JEAURAT (d'après Et.)

132. **Le Berger Constant;**
Le Garçon Jardinier.
Deux pièces faisant pendants, gravées par Nic. Dufour. Dédiées, avec armoiries gravées, à M. Charles, Marquis de Villette. *A Paris, chez Aliamet.* Gr. in-fol.

Superbes épreuves. Jolies pièces décoratives. Petites marges.

JOLLAIN (d'après)

133. **Le Bain;**
La Toilette;
Deux pièces faisant pendants. Gravées par L. Bonnet. N°s 653 et 654. *A Paris, chez Bonnet, 1781.* In-fol. au pointillé.

Très belles épreuves *imprimées en couleurs.* — Marges.

KAUFFMANN (d'après A.)

134. **La Foi;**
L'Espérance.
Deux pièces faisant pendants. Gravées par W.-W. Ryland. Pièces rondes. In-4, au pointillé.

Belles épreuves *imprimées en sanguine.* Encadrées.

KAUFFMANN (d'après A.)

135. **Jeune Femme au panier de Colombes.** Gravé par Th. Burke. W.-W. Ryland, exc. In-fol. ovale, au pointillé.

Belle épreuve *imprimée en couleurs.* Filet de marges. — Encadrée.

KAUFFMANN (d'après Angelica)

136. **Le Sommeil** (Jeune femme les seins découverts dormant). Gravé par Roze Lenoir. In-4 ovale, en larg., au pointillé.

Très belle épreuve *imprimée en couleurs*, d'une pièce fort gracieuse. Marges découpées en ovale. — Encadrée.

LANCRET (d'après N.)

137. **Le Jeu de Colin-Maillard.** Gravé par Ch.-N. Cochin père. Gr. in-fol. en larg. (E. B. 42, 1er état).

Epreuve à l'**état d'eau-forte pure**. Doublée et sans marges.

LANCRET (d'après N.)

138. **La Jeunesse**. Gravé par N. de Larmessin. In-fol. en larg. (E. B. 45).

Très belle épreuve.

LANCRET (d'après N.)

139. **Quand vous voulés toucher quelque cœur amoureux...**
Lise s'en va changer d'humeur et de visage...
Deux pièces faisant pendants. Gravées par M. Horthemels. In-4.

Belles épreuves. Filet de marges. Encadrées.

LANCRET (d'après N.)

140. **Que le Cœur d'un Amant est sujet à changer !...** Gravé par S. Silvestre Le Moine. *A Paris, chez Chereau*. In-fol. (E.-B. 66).

Belle épreuve. Petites marges.

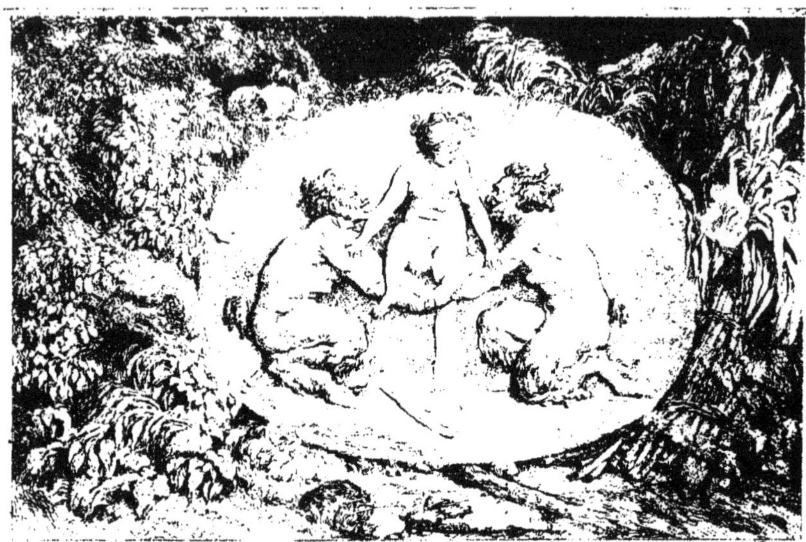

N° 86 du Catalogue.

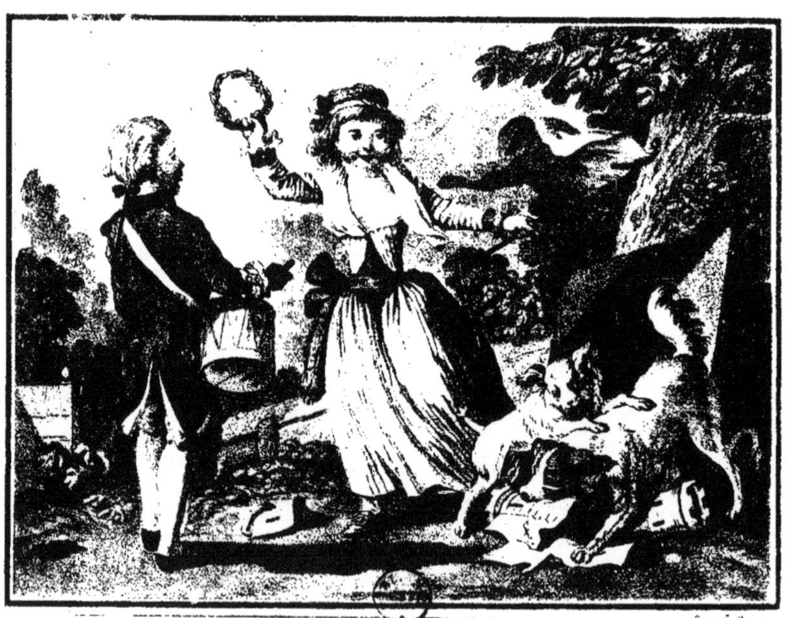

N° 103 du Catalogue.

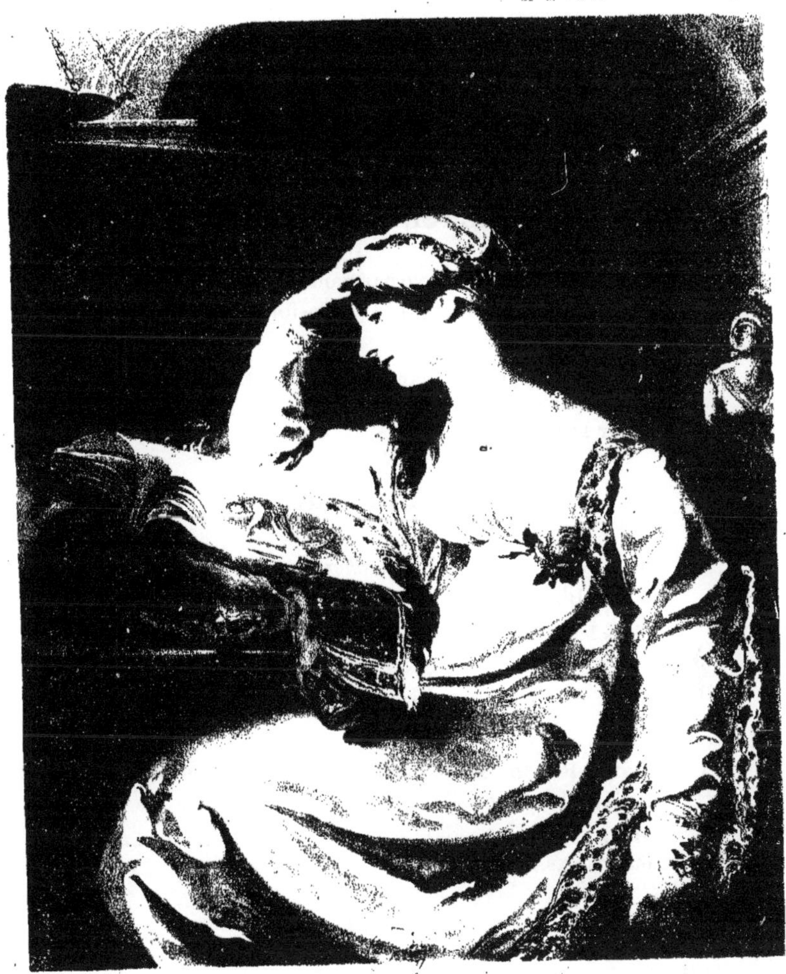

N° 142 du Catalogue.

LANCRET (d'après N.)

141. **La Servante Justifiée.** Gravé par De Larmessin. *A Paris, chez De Larmessin. A. P. D. R.* In-fol. en larg. (E. B. 73).

Superbe épreuve du *1er état*, à toutes marges.

LAWRENCE (d'après Th.)

142 **Mistress Wolff.** Gravé par Samuel Cousins. *London, publ. 1831 by Colnaghi.* Gr. in-fol., à la manière noire.

Magnifique épreuve **avant la lettre.** Grandes marges. Rare en pareille condition.

Voir la reproduction.

LE GRAND (Aug.)

143. **Malice et Bonté.** *A Paris, chez Noël.* In-fol., en larg., au pointillé.

Très belle épreuve *imprimée en couleurs.* Marges.

LE PRINCE (d'après)

144. **Dame Russe.** Gravé par Bonnet (N° 175). In-fol., en manière de crayon.

Belle épreuve *imprimée en deux tons : noir et sanguine.* Sans marges.

LEVILLY

145. **La Leçon de Musique.** — *A Paris, chez Levilly.* In-fol., au pointillé.

Très belle épreuve *imprimée en couleurs.* Marges.

LOUTHERBOURGH (J.-P. De)

146. **La Promenade à midi ;**
Les Patineurs.
Deux pièces faisant pendants. Gravées par V. M. Picot. *Etched by Tho Letton.* In-fol. en larg.

Très belles épreuves. Petites marges.

MALLET (d'après)

147. **La Montreuse de Marmotte.** Gravé par Benoist. Petit in-4.

Jolie petite pièce grivoise, *imprimée en couleurs.* Marges. Encadrée.

MILLER (d'après)

148. **Innocent Recreation.** Gravé par Bonnefoy. *London, publ. mai 1800, by Testolini.* In-fol. en larg., au pointillé.

Très belle épreuve *imprimée en couleurs.* — Marges.

MODES

149. **La Minaudière Marinette** avec son toutou chéri dans une promenade publique (e. e. e. 312).
Femme de qualité en deshabillé, se promenant le matin à la campagne (G. 40).
Abbé galant et poëte.
Trois pièces pour la *Galerie des Modes.* Gravées par Bacquoy, Voysard et Dupin, d'après Watteau fils et Le Clerc.

Belles épreuves en noir. Encadrées, sous verre.

MOITTE (d'après)

150. **L'Infidélité reconnue**. Gravé par Dambrun. *A Paris, chez Vidal.* In-fol.

Très belle épreuve à grandes marges.

MOREAU LE JEUNE (d'après J.-M.)

151. **Déclaration de la Grossesse ;**
C'est un fils, Monsieur.
Deux pièces gravées par P.-A. Martini et C. Bacquoy. In-fol.

Belles épreuves à grandes marges. Doublées.

MOREAU LE JEUNE (d'après J.-M.)

152. **Le Vrai Bonheur ;**
Le Seigneur chez son Fermier.
Deux pièces gravées par Simonet et J.-L. Delignon. In-fol.

Belles épreuves à grandes marges. Doublées.

MORLAND (d'après G.)

153. **Boys Skating. Garçons Patinant**. Gravé par Bartolozi. In-fol. en larg., au pointillé.

Très belle épreuve avec marges.

NORTHCOTE (d'après)

154. **Euphrosine.** Gravé par Sicley. In-4 ovale, au pointillé.

Belle épreuve *imprimée en couleurs* avec marges. — Encadrée.

PATER (d'après)

155. **Le Concert Amoureux**. Gravé par Filloeul, 1739. *A Paris, chez Filloeul*. In-fol.

Très belle épreuve d'une belle estampe décorative. Petite marge.

PHELIPPEAUX

156. **L'Epouse Infidelle ;**
Le Jaloux en deffaut.
Deux pièces faisant pendants. In-4 ovale, au pointillé.

Belles épreuves rehaussées en couleurs. Marges découpées en ovale. — Encadrées.

PIÈCES RONDES

ANONYME

157. **Jeune fille et Amour**. Petite pièce ronde. Gravure anonyme, au pointillé.

Superbe épreuve **avant toute lettre** d'une petite pièce fort gracieuse, et *imprimée en couleurs*. — Marges. — Encadrée.

SANDOZ

158. **Sujet tiré de l'Histoire Romaine**. Gravé par Sandoz. Petite pièce ronde, au pointillé.

Jolie épreuve *imprimée en couleurs*. Petite marge. Encadrée.

VALLIN (d'après)

159. **Jupiter et Léda**. *A Paris, rue de la Bucherie. N° 9*. Gravure anonyme. Petite pièce ronde, au pointillé.

Très belle épreuve, *en couleurs*. Marges. — Encadrée.

PRUD'HON (d'après P.-P.)

160. **L'Amour.** Gravé par Alp. Boilly. Pièce ronde. In-4, à la manière noire.

Belle épreuve. Encadrée.

PRUD'HON (d'après P.-P.)

161. **L'Amour caresse avant de blesser.** Gravé par B. Roger. In-fol. à pointillé.

Très belle épreuve **avant la lettre**, et à toutes marges.

PRUD'HON (d'après P.-P.)

162. **L'Amour séduit l'Innocence.** Gravé par B. Roger. Gr. in-fol.

Très belle épreuve **avant la lettre**. — Marges.

PRUD'HON (d'après P.-P.)

163. **La Fileuse ou Clothon.** Gravé par Prud'hon fils. *A Paris, chez Basset.* In-fol. en larg., au pointillé.

Superbe épreuve à grandes marges.

PRUD'HON (d'après P.-P.)

164. **Le Premier Baiser de l'Amour.** Gravé par Copia. In-8.

Très belle épreuve de cette jolie pièce. Marges. — Encadrée.

PRUD'HON (d'après P.-P.)

165. **Le Zéphir.** Gravé par Laugier, 1820. Gr. in-fol.

Très belle épreuve, *portant le Cachet de la Société des Amis des Arts.* — Marges.

PRUD'HON (d'après P.-P.)

166. **Le Zéphyr**. Gravé par Sixdeniers. *London, publ. 1829 by Ch. Tilt; chez Rittner, Paris*. In-4, à la manière noire.

Belle épreuve avec marges. — Encadrée.

PRUDHON (d'après J.-P.)

167. **A la Mémoire de Prud'hon**. Figure tirée de son dernier Tableau. Gravé par Soinard, d'après de Boisfremont. In-fol.

Superbe épreuve **avant toutes lettres**. Grandes marges.

PRUD'HON (P.-P.)

168. **Enlèvement d'Europe**. In-4 en larg.

Très belle épreuve *avant la lettre*, sur *papier de chine*, de cette jolie pièce, d'un dessin très pur, gravée par Prud'hon lui-même. Marges. — Encadrée.

QUEVERDO (d'après)

169. **Le Rendez-Vous**, 1766. Gravé par Duhamel. In-4.

Belle épreuve. Marges. Encadrés, sous verre.

RAMBERG (d'après H.)

170. **The Exhibition of the Royal Academy, 1787.** Gravé par P.-A. Martini. *Publ. July 1787, by A. C. de Poggi*, In-fol. en larg.

Très belle épreuve à toutes marges.

REYNOLDS (S.-W.)

171. **Le Désir de Plaire**. D'après Dubufe. In-fol., à la manière noire.

Belle épreuve avec marge. — Encadrée.

ROMNEY (d'après G.)

172. **Annette**. (Portrait de Lady Hamilton). Gravé par Tslehrew (Verhelst). *London, publ. by Rob. Jos. Strilson*. In-fol., au pointillé.

Très belle épreuve de cette jolie pièce représentant Lady Hamilton. Grandes marges.
Voir la reproduction.

ROMMEY (d'après G.)

173. **Annette** (Portrait de Lady Hamilton). Gravé par Verhelst. In-fol., au pointillé.

Belle épreuve *imprimée en couleurs*. Sans marge.

SAINT-AUBIN (d'après Aug. de)

174. **Validé**. Gravé par T.-F. Hémery, femme Lingée. In 4, au pointillé.

Belle épreuve *légèrement rehaussée en couleurs*. Petites marges. — Encadrée.

SAINT-AUBIN (d'après G.)

175. **Le Bonton de Rose**. Gravé par Dennel. Petit in-fol.

Très belle épreuve **avant toute lettre**. Rare. Petites marges.

SAYER (By R.)

176. **L'Instant de la Gaieté ;**
La Perte Irréparable.
Deux pièces faisant pendants. *Publishd by R. Sayer, London*. Petit in-4.

Belles épreuves. Petites marges. — Encadrées.

SCHALL (d'après F.)

177. **La Saison des Amours**. Gravé par Aug. Le Grand. *A Paris, chez Aug. Le Grand*. In-fol., au pointillé.

Superbe épreuve de cette jolie pièce, une des meilleures et des moins communes de l'artiste. — Marges.

SCHENAU (d'après J.-E.)

178. **Les Premiers Pas de l'Enfance ;**
La Mère qui Intercède.
Deux pièces faisant pendants. Gravées par Cl. Duflos. Dédiées, avec armoiries gravées, à M. Armand-Jérome Bignon. *A Paris, chez Crépy*. In-fol.

Très belles épreuves en **double état : eaux-fortes pures,** et *terminées*. — Ensemble 4 pièces.

SCHENAU (d'après J.-E.)

179. **Le Maître de Guitare ;**
Le Retour Désiré.
Deux pièces faisant pendants. Gravées par Cl. Duflos. Dédiées, avec armoiries gravées, à S. E. M^r le Comte d'Harcourt. *A Paris, chez Crépy*. In-fol.

Très belles épreuves. Petites marges.

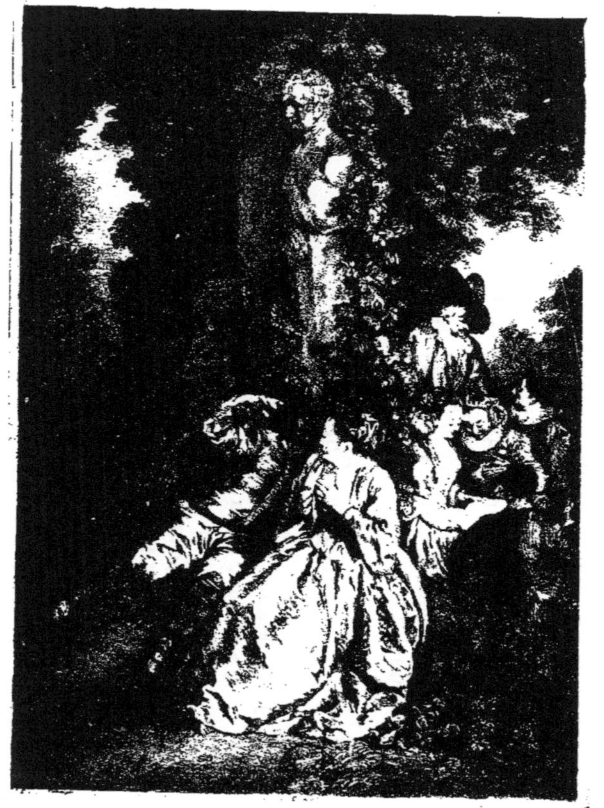

N° 196 du Catalogue.

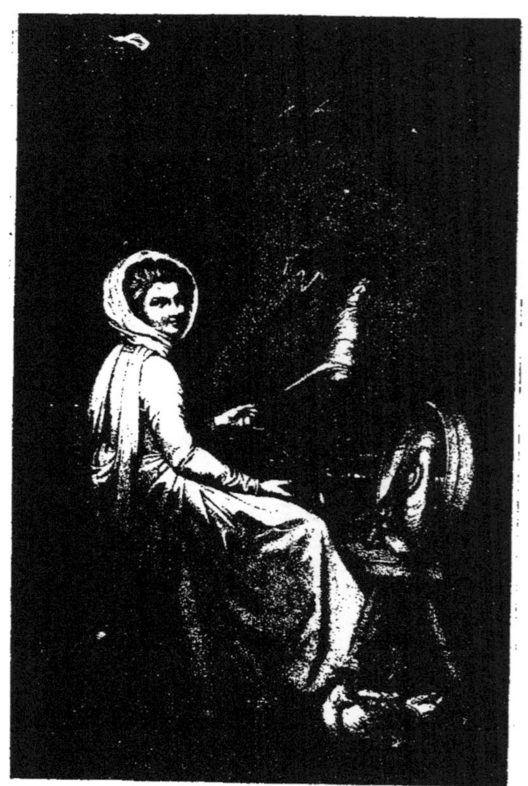

N° 172 du Catalogue.

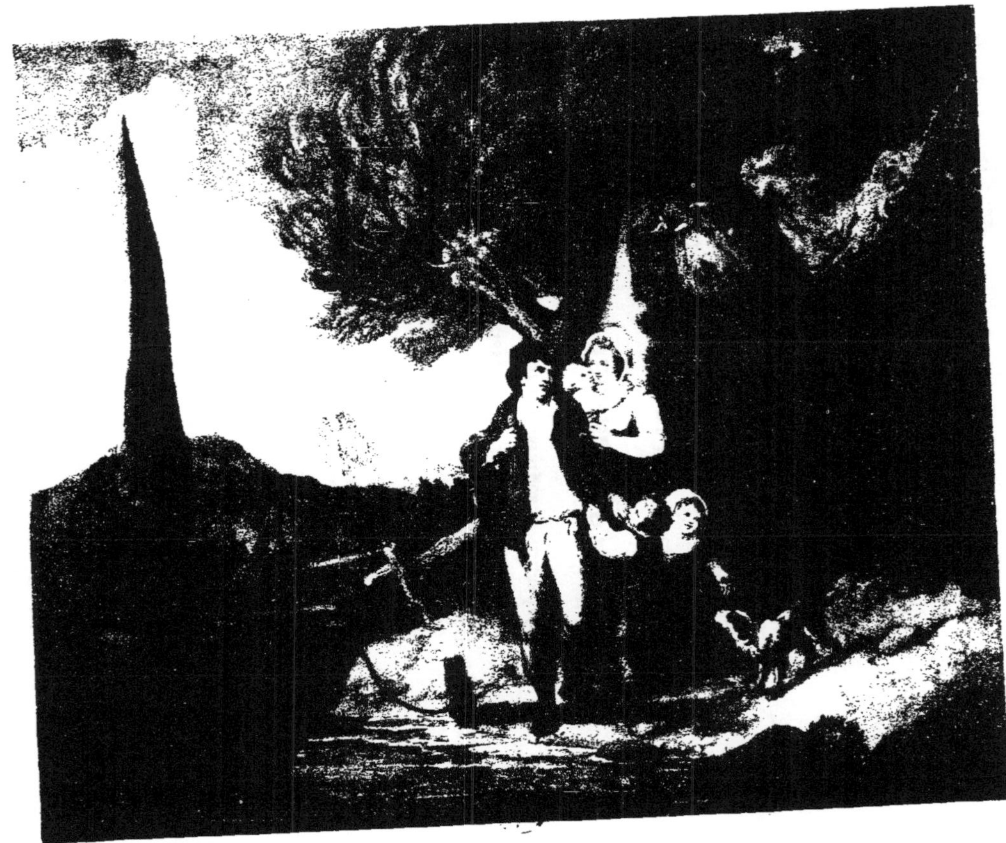

N° 206 du Catalogue.

SICCARDI (d'après)

180. **Les Petits Dénicheurs d'Oiseaux**. Gravé par Thouvenin. *A Paris, chez Aumont*. Gr. in-fol.

Superbe épreuve *imprimée en couleurs*, d'une grande fraicheur. Marges.

SMITH (d'après J.-R.)

181. **La Visite au Grand-Père**. Gravé par Le Cœur. *A Paris, rue St-Jacques, N° 55*. In fol., à l'aquatinte.

Belle épreuve.

SOINARD (d'après)

182. **La Coquette ;**
La Ménagère.
Deux pièces faisant pendants. Gravées par P. Tassaert. *A Paris, chez Tassaert*. In-fol. au pointillé.

Belles épreuves *coloriées*. Marges. -- Encadrées.

STOELZEL (C.-F.)

183. **Le Petit Dessinateur ;** 1794. Petit in-4 ovale, en larg., au pointillé.

Jolie petite pièce. Belle épreuve *rehaussée en couleurs*. Petites marges. — Encadrée.

SWEBACH (d'après)

184. **Serment Fédératif du 14 Juillet 1790**. Gravé par Le Cœur. *A Paris, chez l'Auteur*. In-fol., à l'aquatinte.

Très belle épreuve du **1er état,** *avec la lettre grise* et *avant le texte au bas :* Elle est *finement rehaussée en couleurs*. Marges.

VAN SPAENDONCK (d'après)

185. **Corbeille de Fleurs**. Gravé par A. Chazal. Petit in-fol., au pointillé.

Jolie pièce. Très belle épreuve en *coloris ancien*. Marges. — Encadrée.

VERNET (d'après C.)

186. **Les Amateurs de Plafonds au Salon**. Gravé par Debucourt. *Sazerac et Duval, édit*. In-fol. à l'aquatinte.

Belle épreuve *coloriée*. Petites marges.

VERNET (d'après C.)

187. **Les Gastronomes sans Argent ;**
Les Gastronomes en Jouissance.
Deux pièces faisant pendants. Gravées par Coqueret. *A Paris, chez M. Guérin et chez Reslut*. In-fol. à l'aquatinte.

Très belles épreuves *coloriées*. Grandes marges.

VERNET (d'après C.)

188. **Retour de la Chasse à la Bécassine après l'orage.** Gravé par Coqueret. *A Paris. chez Rolland*. Gr. in-fol. en larg., à l'aquatinte.

Très belle épreuve avec marges du cuivre.

VIGÉE-LEBRUN (d'après Mme L.-Elizabeth)

189. **La Verté Irrésolue**. Gravé par Dennel. *A Paris, chez l'auteur*. In-fol.

Très belle épreuve. Petites marges.

WARD (d'après J.)

190. **L'Hiver**. Gravé par Bartolotty. Petit in-fol. au pointillé.

Très belle épreuve *imprimée en couleurs*. Très fraiche. Petites marges.

WATTEAU (d'aprés A.)

191. **Le Conteur de Fleurète**. Gravé par Crépy fils. *A Paris, chez Crépy le fils*. In-4.

Belle épreuve d'une pièce peu commune. Petites marges.

WATTEAU (A.)

192. **Les Habits sont Italiens...** Peint et gravé à l'eau-forte par Wattaux *(sic)* et retouché au burin par Simonneau l'aîné. *A Paris, chez Sirois*. In-fol.

Belle épreuve du *3e état* (sur 5) avec la faute « *Wattaux* » au lieu de « *Watteau* » et avec l'adresse de *Sirois* remplacée par celle de *Chereau* dans les deux états suivants.

WATTEAU (d'après A.)

193. **L'Ile Enchantée**. Gravé par J.-P. Le Bas. In-fol. en larg.

Très belle épreuve remargée sur 3 côtés, mais avec le titre. — Encadrée.

WATTEAU (d'après A.)

194. **Le Repas de Campagne.** Gravé par Deplace. *A Paris, chez la veuve de F. Chereau*. In-fol.

Très belle épreuve. Petites marges.

WATTEAU (d'après A.)

195. **La Rêveuse**. Gravé par Aveline. *A Paris, chez Gersaint et chez Surugue*. Petit in-fol.

Très belle épreuve avec marges.

WATTEAU (d'après A.)

196. **Voulez-vous triompher des Belles ?...** Gravé par Thomassin. Dédiées, avec armoiries gravées, à M. Philippe de Turbiers, de Grimoard, de Pestels, de Lévy, Cte de Caylus. *Chez Thomassin*. In-fol.

Très belle épreuve. Filet de marges.
Voir la reproduction.

WATTEAU (d'après A.)

197. **L'Air** (Arabesque). Gravé par Huquier. *A Paris, chez Huquier et chez la Veuve Chereau*. In-fol.

Belle épreuve.

WATTEAU (d'après A.)

198. **L'Escarpolète** (Arabesque). Gravé par L. Crépy fils. *Chez Gersaint, à Paris et chez Surugue*. Gr. in-fol.

Belle épreuve.

WESTALL (d'après R.)

199. **A Fern-Cutter's Child**. Gravé par Meadows. In-fol. en larg.

Belle épreuve *finement rehaussée de coloris*. Marges. Encadrée.

WHEATLEY (d'après F.)

200. **Fishermens Return**. Gravé par J. Barney. Gr. in-fol. en larg.

Très belle épreuve *imprimée en couleurs*. Sans marges.— Encadrée.

Voir la reproduction.

WOCHER (d'après T.)

201. **Le Cabaret ;** 1786. Gravé par M. Wocher fils. In-4 en larg., à l'aquatinte.

Belle épreuve *en couleurs*. Marges. Encadrée.

www.ingramcontent.com/pod-product-compliance
Ingram Content Group UK Ltd.
Pitfield, Milton Keynes, MK11 3LW, UK
UKHW020439180726
13839UKWH00004B/1562